COMPRENDRE
LA LITTÉRATURE

MIXTE
Papier issu de sources responsables
Paper from responsible sources
FSC® C105338

JACK KEROUAC

Sur la route

Étude de l'oeuvre

© Comprendre la littérature.

22 rue Gabrielle Josserand - 93500 Pantin.

ISBN 978-2-75930-340-3

Dépôt légal : Septembre 2023

Impression Books on Demand GmbH

In de Tarpen 42

22848 Norderstedt, Allemagne

SOMMAIRE

- Biographie de Jack Kerouac... 9

- Présentation du roman *Sur la route*........................... 13

- Résumé du roman.. 17

- Les raisons du succès.. 37

- Les thèmes principaux... 41

- Étude du mouvement littéraire.................................... 49

- Dans la même collection... 57

BIOGRAPHIE DE JACK KEROUAC

Jack Kerouac naît le 12 mars 1922 au sein d'une famille québécoise, originaire de Bretagne, installée au Massachusetts. Son vrai nom est Jean-Louis Keroack.

Son frère aîné meurt à l'âge de neuf ans des suites d'une fièvre rhumatismale ; mort qui le traumatisera.

Son père étant imprimeur, Jack Kerouac apprend dès son enfance à taper à la machine à écrire et à composer. Il écrit son premier livre à onze ans, *Mike Explores the Merrimack*. Il se met également au dessin et à l'écriture de bandes dessinées humoristiques. Alors que ses résultats en sport le destinent à en faire sa profession, Jack Kerouac décide de devenir écrivain et s'inscrit à l'Université de Columbia à New York. Pendant ses années d'étude, il rencontre Seymour Wyse qui lui fait découvrir le jazz et l'encourage à fréquenter les caves d'Harlem où se produisent des stars comme Charlie Parker et Count Basie. Jack Kerouac crée alors une rubrique musicale dans le journal de sa faculté, période pendant laquelle il se familiarise avec la drogue. Il rencontre également Marie Carney avec qui il entretient une relation platonique et lui inspire le livre Maggie Cassidy.

Blessé, il abandonne son projet, tente de voyager et accumule les petits boulots : il finit par s'engager dans la marine marchande en 1942, pendant lequel il écrit *The Sea is my Brother*, puis il s'engage dans l'armée américaine. Pour y échapper finalement, il simule la folie et est interné dans un hôpital psychiatrique.

A son retour, Jack Kerouac fréquente le milieu de la drogue new yorkais, rencontre sa future épouse, Edie Parker, et trois autres têtes de la Beat Génération : Lucien Carr, Allen Ginsberg et William Burroughs. En 1943, Jack Kerouac entame d'écrire *Avant la route* qu'il publie en 1950.

En 1944, Jack Kerouac aide Lucien Carr à cacher le corps d'un professeur qu'il a tué de plusieurs coups de couteau.

Jack Kerouac est emprisonné. Le père d'Edie Parker paie la caution à condition qu'il épouse sa fille. Jack Kerouac s'exécute. En 1944, il retourne à New York rejoindre ses amis. La vie avec sa femme ne lui convient pas. En 1946, il débute *Sur la route*. Son écriture est de plus en plus autobiographique et expérimentale. Il crée, notamment, la forme d'écriture spontanée qu'il applique à son roman.

Entre 1947 et 1950, Jack Kerouac multiplie les allées et retours de New York à San Francisco, puis au Mexique avec, comme compagnon, Neal Cassady.

En 1950, *Sur la route* remporte un succès non escompté. Jack Kerouac devient le chef de file de la Beat Génération et un précurseur de l'esprit de liberté qui soufflera aux Etats-Unis et dans tout l'occident dans les années 60. Jack Kerouac, de ce fait, remporte beaucoup d'argent. Cependant, le premier intéressé ne l'entend de cette façon : il boit de plus en plus et s'éloigne de ses amis. Il refuse de répondre à l'appel des médias. La critique est, quant è elle, virulente.

Neuf ans plus tard, Jack Kerouac publie *Les Clochards célestes* qui renforce l'animosité des critiques.

Il retourne à San Francisco, puis revient à New York. Les tensions dans le groupe d'amis sont de plus en plus fortes.

En 1963, il publie *Visions de Gérard* qui s'attarde sur la vie et la mort de son frère aîné. Deux ans après, il publie deux livres : un recueil de poésie, *Satori à Paris*, et un de ses premiers romans, *Les Anges de la Désolation*. En 1968, il publie *Vanité de Duluoz* et meurt quelques temps après, auprès de sa troisième femme et de sa mère, à Saint Petersburg, le 21 octobre 1969, d'une hémorragie digestive.

PRÉSENTATION DU ROMAN SUR LA ROUTE

Jack Kerouac, alors jeune écrivain, puisqu'il n'a écrit qu'un seul livre (*Avant la route* en 1950) se confectionne un rouleau de quarante mètres de longs dont il engage l'une des extrémités dans la machine à écrire et se lance dans la rédaction, en un jet, et sur plusieurs séances, de la rédaction de *Sur la route*. Il y raconte sa folle jeunesse, son faux départ à New York, sa vie vagabonde entre New York, San Francisco et Mexico. Stimulé par la drogue, l'alcool et l'envie de vivre dans l'instant, il improvise une épopée au style personnel, dynamique, à la prose spontanée, d'inspiration musicale, qui deviendra le symbole et le chef d'œuvre de la *Beat Generation*.

Publié en 1957 chez Viking press et allégé de sa pornographie, *Sur la route* est un succès mondial : il est traduit en trente deux langues et publié à plusieurs millions d'exemplaires. *Sur la route*, au-delà de son succès en librairie, a eu une influence sur les esprits. Érigé en contre-culture, *Sur la route* a répandu sur les États-Unis traditionnels un vent de liberté dirigé contre le matérialisme, qui souffla sur la jeunesse, rebaptisée la *Beat Generation*. « Il a changé ma vie, comme il a changé la vie de chacun d'entre nous », avoua Bob Dylan. Jack Kerouac a ouvert la boîte de Pandore en relatant avec honnêteté le quotidien et la vie précaire dans lesquels vagabonds, esprits libres, drogués, immigrés, musiciens de jazz et de bebop évoluent. Il a donné un sens de la vie inédit à une génération qui ne se reconnaissait pas dans les valeurs de leurs parents. Il est le précurseur des hippies, le créateur d'un nouveau mythe, celui de la Route.

RÉSUMÉ DU ROMAN

Première partie

Chapitre I

Dean Moriarthy a été en maison de correction, période pendant laquelle il se passionne pour la philosophie. À sa sortie, il revient à New York avec sa petite amie : c'est là qu'il rencontre le narrateur. La copine s'en va, et, sans logement, Dean Moriarthy frappe à la porte du narrateur, écrivain, pour qu'il lui apprenne à écrire : il veut devenir un intellectuel. Le narrateur accepte, le loge et ils montent le projet de prendre la route vers l'ouest, ce qui se concrétisera en 1947. Un soir Dean rencontre Carlo Marx et, malgré le lien et l'admiration qu'il voue au narrateur, se met à le fréquenter de plus en plus souvent. Le printemps suivant, Dean est retourné à Denver. Dean respire le vent d'ouest, il est neuf dans sa façon de penser, c'est ça qui fascine le narrateur.

Chapitre II

En juillet 1947, le narrateur est parti pour l'Ouest. Il s'est trompé de route et est monté au nord. Il a été obligé de retourner à New York pour prendre un bus qui va direct à Chicago. Là-bas, un ami français, Rémi Boncoeur, l'attend pour partir travailler sur un bateau en tant que membre d'équipage.

Chapitre III

Il reprit l'autobus jusqu'à l'ouest, jusqu'à Chicago où le bebop déferle sur la jeunesse. Une femme s'est arrêté pour le prendre en auto-stop, ils alternent les heures de conduite jusqu'à l'Iowa. Là-bas, il fait de l'auto-stop, se fait prendre par deux camions, des étudiants dans une voiture neuve et une foule d'autres types d'origines différentes. Il tombe en panne avec un cow-boy au niveau de Shelton. Le narrateur fait la connaissance d'Eddie, un autre jeune et font route ensemble. Ils sont accostés par un homme qui leur propose de faire partie d'un cirque : ils refusent. Un vieil homme ne peut prendre qu'un seul auto-stoppeur, Eddie s'en va. Il est finalement pris lui aussi et emmené jusqu'à Guthenburg.

Chapitre IV

Un camion avec une plate-forme arrière portant six ou sept gars le prit sur son dos : des fermiers, des voyous, des voyageurs, des clochards. Ils stoppent à North Platte pour uriner et manger. Il achète une bouteille de whisky et la partage avec les autres. Il entend l'histoire de Big Slim Hazard, un joueur de football en université qui avait décidé de vivre en clochard. Les chaussures du narrateur qu'il avait acheté pour l'occasion, étaient en lambeau, lui a-t-on fait remarquer. Montana Slim veut uriner, alors il se met assis sur le bord du camion, cependant le conducteur fait zigzaguer et le voilà couvert d'urine. Il a fait exprès. Une partie du convoi partit à Ogallala. Le soir, ils arrivent à Cheyenne.

Chapitre V

Il fait la tournée des bars avec Slim, drague une petite blonde sans réussir à coucher avec. Le lendemain matin, Slim était parti. Il avait dépensé tout son argent. Un homme d'affaire de Denver le prend dans sa voiture. A Denver, il arrive « ricanant de la joie la plus perverse du monde ».

Chapitre VI

La première chose qu'il fait est d'appeler Chad King : il n'est pas là, c'est sa mère qui décroche. Chad vient le cherche en voiture, il n'a plus de contact avec Carlo Max et Dean. Un appartement habité par Tim Gray attend le narrateur. Dean est le fils d'un ivrogne : à l'âge de sept ans, il avait plaidé en sa faveur. Il faisait la manche et donnait l'argent à son père. Dès son adolescence, il commença à voler.

Chapitre VII

Carlo Marx téléphone à Sal, le narrateur dont on apprend le prénom. Il sait où est Dean : il entretient des relations avec son ex-femme et sa nouvelle petite amie : Camille. Carlo Marx vient le chercher en voiture, ils vont chez Camille chercher Dean. Là, Dean promet à Sal de lui dégotter une copine. Ils vont dans un bar, mais la fille est réticente. Ils passent la soirée à boire et chacun rentre chez soi. Carlo Marx et Dean avait pris l'habitude d'avoir des conversations la nuit complètement drogués et de rêver de tous les possibles.

Chapitre VIII

Eddie, son compagnon de route, fait son apparition : il a besoin de trouver du travail. Sal contacte Dean qui le fait embaucher aux halles. Sal ne veut pas travailler pour le moment, il a trop de chose à faire. La nuit suivante, il assiste à une discussion entre Dean et Carlo, ceux-ci veulent le faire participer, mais Sal refuse. Sal pense qu'ils vont devenir fous, mais il pense également que ces discussions sont intéressantes et veut y assister.

Chapitre IX

Le soir, Sal fut embrigadé dans une excursion à la montagne avec Rawlins, Gray et Babe. Il logerait dans une baraque de mineur. Il assiste à *Fidelio* à l'opéra. Après, il s'introduit dans la pension des vedettes et fricote avec les filles. Puis, ils entreprennent la tournée des bars. Rawlins déclenche deux bagarres. Le lendemain, ils retournent à Denver.

Chapitre X

Sal veut aller à San Francisco. Comme il n'a plus d'argent, il demande à sa tante de lui envoyer cinquante dollars. En attendant, il passe la soirée avec Rita Bettencourt qui a peur du sexe et qui est sans ambition. Deux jours plus tard, il prend un billet pour San Francisco. Dean et Carlo le rejoindront sur la côte d'ici peu.

Chapitre XI

Sal est arrivé à San Francisco, il se rendit immédiatement chez Rémi Boncoeur, qu'il connaissait depuis l'enfance. Rémi est un français dont Sal avait piqué la petite amie. Il a une copine, Lee Ann : ces deux-là se disputent à longueur de journée, excepté le samedi soir quand ils vont en ville. Rémi avait un poste de surveillant : il réussit à faire embaucher Sal comme agent de police supplétif. Un soir, il y eut tellement de raffut dans les baraquements qu'il faillit se faire virer. D'autres soirs, quand il travaillait avec Rémi, ils volaient la cantine. Ils sont allés jouer aux courses équestres du Golden Gate, mais Rémi à tout perdu en sept courses. Le beau-père de Rémi arrive le samedi suivant. Sal est ivre et un de ses amis, dans le restaurant où il dîne, complètement ivre lui-aussi, fait échouer la soirée. Rémi lui en voudra toujours. Sal décide de quitter San Francisco pour Los Angeles.

Chapitre XII

Il se glisse hors de chez Rémi et fait du stop. Un fou à qui on venait d'amputer un doigt de pied le prit dans son camion. Puis, il est obligé de prendre le car. Il rencontre une mexicaine, battu par son ex-époux qui va elle-aussi à Los Angeles. Ils descendent dans un hôtel. D'abord, Sal a peur que ce soit une racoleuse, puis c'est elle qui croit que Sal est un maquereau. Ils finissent par passer la nuit ensemble.

Chapitre XIII

Ils prennent la décision de partir pour New York. Sal n'a plus que vingt dollars et ils se mirent à trouver du travail sans succès. Ils font du stop jusqu'à Fresno, où Terry contacte son frère pour qu'il lui trouve du travail. Le jour même, ils échouent plusieurs jours d'affilé et se mettent à boire. Sal se décide alors de proposer ses services aux fermes, il réussit à avoir un emploi de cueilleur de coton. Ils prennent la résolution de ramener Terry chez ses parents. Ceux-ci l'acceptent, mais Sal est obligé de rester dans une grange à proximité. Un matin, il se retrouve obligé de partir : il veut retourner à New York et lui promet de le rejoindre plus tard. Il fait de l'auto-stop jusqu'à Hollywood où il achète un ticket pour Pittsburg, celui de New York étant au dessus de ses moyens.

Chapitre XIV

Il met deux jours pour atteindre Pittsburg et rencontre une fille sur le trajet. Il fait du stop avec dix cents en poches et l'envie de rentrer chez lui. Il arrive à Harrisburg. Il croise la route d'un sans-abri qui a fait la première guerre mondiale. Il marche sur la route et manque de se faire écraser. Le vieux et Sal font mauvaise route, une automobiliste les en informe. Le vieux s'en fiche. A Harrisburg, il meurt de faim. Il est pris par un représentant qui estime que l'inanition est une bonne cure. Arrivé à New York, il fait la manche et gagne suffisamment pour renter chez lui où il dévore tout. Dean était venu quelques jours à New York et avait dormi dans sa chambre. Il était retourné à l'ouest deux jours avant son arrivée.

Deuxième partie

Chapitre I

Il passe plus d'un an chez sa tante, à New York. Dean le rejoint à Noël, chez son frère, en Virginie, avec son ex-femme Marylou et Ed Dunkel, un collègue. Il a acheté une maison. Dean avait eu sa fille avec Camille. Il avait décidé de partir à New York et sur le chemin avait subitement eu envie de se remettre avec Marylou, il était allé à Denver la récupérer. Sal, Marylou, Ed et Dean prennent la route : c'est en conduisant que Sal s'aperçut que Dean était devenu fou : « Il était devenu absolument dingue dans ses mouvements ; on aurait dis qu'il faisait tout en même temps. » Dean ne peut pas s'arrêter de parler.

Chapitre II

Dean, Marylou, Ed et Sal embarquent en direction de New York. Sal a rencontré Lucille à l'université, une italienne avec qui il veut se marier, s'installer et qui lui permettrait de ne plus être sur la route.

Chapitre III

Marylou et Ed sont déposés à New York et Carlo Marx appelé pour les rejoindre. Dean et Sal repartent chercher les meubles et la tante. Sur le retour, ils sont arrêtés pour excès de vitesse. La tante se propose de payer parce que Dean n'a pas d'argent. Il la remboursera un an et un mois plus tard.

Chapitre IV

Carlo a loué un appartement où ils habiteraient tous. Lucille n'aimait pas Dean et Marylou : c'est à ce moment-là que Sal comprit qu'ils ne pourraient jamais vivre ensemble. Pour agacer Lucille, Marylou se mit à draguer Sal. Ils passèrent un week-end délirant, de sous-sol aux bars, en maison d'inconnus inconditionnels d'opéra, notamment. Dean est fou et approuve tout.

Chapitre V

Carlo Marx les sermonne, il parle d'avenir, de projets. Dean a emmené Sal dans un bar glauque, le Ritzy's Bar, pour lui demander de coucher avec Marylou. Il veut savoir ce que cela lui ferait de voir un autre homme coucher avec sa femme. Sal accepte, puis revient sur ses paroles au moment de passer à l'acte. Il ne peut pas faire ça avec Dean dans la même pièce. Sal salue sa tante et lui promet de revenir d'ici deux semaines de la Californie. Ils partent tous.

Chapitre VI

Dean et Sal se relaient. Dean veut que Marylou devienne sa maîtresse un jour sur trois, pendant qu'il vivra le reste du temps avec Camille. Ils arrivent le lendemain à Washington. Quand Ed Dunkel prit le volant alors que les autres dormaient, ils furent arrêtés pour excès de vitesse et conduite dans le mauvais sens de la route. Ils furent interrogés séparément et durent payer vingt-cinq dollars d'amende. Ils descendent vers le sud, prennent deux auto-stoppeurs. Ils vont chez Old Bull Lee pour récupérer la femme d'Ed. Old Bull Lee avait vécu en Europe plusieurs années, il avait trafiqué avec les Russes, été en France, en Afrique du Nord, Algérie et Istanbul. Maintenant, il est professeur. Il leur montre sa collection d'arme, avant il dormait avec une mitraillette, mais il a arrêté. Ils décident d'aller dans des bars, et pendant qu'il traverse sur le ferry, une fille se suicide. Ils passent la soirée et la nuit à boire, puis à se shooter.

Chapitre VII

Le matin, Sal surprend Dean et Bull à retirer des clous sur une planche : Bull veut en faire des étagères. Ils passent les prochains jours à s'amuser en faisant des concours de sauts, des courses, en montant sur des trains en marche et à en descendre. Ed et sa femme décident de rester en ville et d'y habiter. Quand l'argent de Sal arrive, Dean, Sal et Marylou partent pour la Californie.

Chapitre VIII

Ils volent de la nourriture, de l'essence et des cigarettes sur le chemin. Ils n'ont plus d'argent. Ils traversent une forêt en feu et atteignent un marécage où ils s'arrêtent, ne sachant pas quel chemin prendre. Ils arrivent au Texas. Sal prend le volant et s'embourbe. Plus loin, Dean sort de la voiture, se déshabille et oblige Sal et Marylou à faire de même : ils s'exécutent. Ils n'ont plus d'argent pour l'essence, ils prennent un auto-stoppeur qui n'en a pas non plus et file droit chez un ami de Sal qui les dépanneraient. Il leur passe cinq dollars et les nourrit d'un repas. Ils repartent vers l'ouest.

Chapitre IX

Ils prennent un auto-stoppeur qui veut rentrer chez lui. Il devait aller à un concert où il était le guitariste du groupe, mais sa guitare a été volée pendant le voyage. Il promet de donner trois dollars au groupe quand ils le ramèneront. Ils prennent le col d'une montagne que Dean descend le moteur éteint sur trente milles. Arrivé chez lui, l'auto-stoppeur leur donne les trois dollars pour San Francisco. Dean fait descendre Sal et Marylou, il a des choses à régler avec Camille et devait voir pour récupérer son ancien emploi.

Chapitre X

Marylou et Sal partagent deux nuits une chambre d'hôtel à crédit. Ils parcourent Los Angeles pour trouver de la nourriture. Marylou a l'idée d'aller voir une amie, elle ressort de l'hôtel avec un maquereau et un autre homme. Elle l'abandonne. Affamé, Sal commence à délirer. C'est la pire semaine de sa vie.

Chapitre XI

Dean est revenu et a ramené Sal chez lui. Camille l'a accueilli en sachant que les trente dollars qu'elle avait reçus venaient de lui, mais elle veut qu'il parte. Un soir, ils sont partis chercher Slim Gaillard dans une boîte de nuit. Dean s'empare du micro et fascine l'assemblée. Un autre soir, ils ont trouvé Marylou. Dès que Sal reçoit son argent de l'armée, il s'achète un ticket pour New York et s'en va sans le moindre remord, sans même s'inquiéter de ne plus les revoir.

Troisième partie

Chapitre I

Au printemps 1949, Sal part pour Denver avec sa bourse d'ancien G.I. Il n'y a personne. Il ère dans les rues, désespérant d'être lui et voulant être une autre personne. Il va voir une prostituée qu'il connaît et qui lui donne cent dollars. Avec cet argent, il embarque dans une voiture avec deux maquereaux et part pour San Francisco.

Chapitre II

Dean a ouvert la porte, nu comme un ver. Il avait un bandage sur son pouce, il explique à Sal qu'il s'était cassé un doigt, que le médecin avait oublié une aiguille et que l'aiguille a tout infecté : il fallait l'amputer. Marylou s'est mariée avec un vendeur de voiture, mais se prostitue toujours. Dean l'aime, il en est fou : il s'est procuré un pistolet grâce à un ami et a demandé à Marylou de le tuer, mais elle a refusé. Camille pleure à l'étage et ne cesse de répéter que Dean est un menteur. C'est lui qui garde la petite le jour, et Camille travaille à cause du pouce. Le lendemain, Camille les jette à la porte. Pour la première fois, c'est Sal qui prend les choses en main pour Dean : il décide de partir pour New York et, une fois l'argent reçu de son livre qui vient d'être accepté par un éditeur, ils partiront pour l'Italie.

Chapitre III

Ils appellent Roy Johnson pour qu'il fasse le taxi à Frisco. Dean veut retrouver son père. Ils décident de loger chez Ed, mais il est parti et seule Galatea demeure. La femme de Roy les rejoint, ainsi que Marie, une amie et sa fille. Ils se mettent en cercle autour de Dean et Galatea commence à faire son procès. Elle a eu Camille au téléphone, elle ne veut plus le voir. Sal est le seul à le protéger. Tous se liguent contre lui : Dean est malfaisant et idiot selon eux. Pour Sal, les gens qui sont autour de Dean lui sont plus redevables que le contraire.

Chapitre IV

Pour leur dernière nuit à Frisco, Marie, Galatea, Dean et Sal s'embarquent en boîte de nuit. Ils écoutent de la musique, certainement du bebop. Dean est déchaîné, s'amuse comme un fou. Ils rencontrent un ténor et change de bar, là ils appellent Roy qui vient les chercher. Ils voient Ed avec un autre type. Ils continuent la tournée des bars jusqu'au petit matin où ils vont dormir chez un ami de Sal. Sal va chez Galatea pour prendre les bagages et lui dire au revoir : ils partent ce matin même pour New York.

Chapitre V

Ils embarquent dans une voiture avec un homosexuel et un couple de touriste. Dean et Sal sont parqués à l'arrière en train de délirer. Ils font tanguer la voiture. Le lendemain, c'est au tour de Dean de conduire : il montre comment Ed conduit, et beuglé, manque à chaque fois de se prendre des camions. Il évite le camion de justesse. Il roule à toute berzingue jusqu'à une falaise surplombant Salt Lake City où il est né : il s'écroule et pleure, puis reprend la route. Les touristes et le propriétaire de la voiture se plaignirent de sa folie. Ils se quittent à Denver.

Chapitre VI

À Denver, Dean cherche son père. Il réussit à prendre contact avec un de ses cousin qu'il admire depuis son enfance. Quand la rencontre se fait, le cousin le prévient immédiatement que le reste de la famille et lui ne veulent plus avoir de rapport avec Dean et son père. Dean l'interroge sur son enfance et le cousin prend rendez-vous le lendemain pour lui faire signer un papier. Dean est mortifié.

Chapitre VII

Ils logent chez Frankie, une amie de Sal. Dean s'est épris d'une fille du voisinage, régulièrement il va jusqu'à chez elle et lance sur sa fenêtre un caillou. Le soir, la mère de la jeune fille ainsi que des groupes de lycéens le menacent d'un coup de fusil s'il continue d'effrayer sa fille. Ils vont tous les trois dans un bar. Dean sort, vole une voiture et revient avec une autre voiture. Les flics arrivent et commencent à interroger les gens sur les vols de voitures. Dean veut une voiture plus moderne : il en vole une sur le parking, sans que la police s'en aperçoive et revient avec une décapotable. Sal et Frankie refusent de monter dedans et prennent un taxi. Dean les suit.

Chapitre VIII

Au réveil, Dean et Sal partent précipitamment : la voiture appartient à un policier et Dean est déjà fiché. Ils partent, téléphonent de chez un fermier pour avoir un taxi et arrive à la prochaine ville. Arrivés, ils vont à l'office du tourisme où on leur propose de ramener une Cadillac et deux enfants à Chicago. Sur la route, Dean conduit à une allure excessive, ils passent par Ed Wall, l'oncle d'Ed. Sal remarque que ce dernier se méfie de Dean et a perdu confiance en lui. Ed Wall croit que Dean a volé la Cadillac. Ils partent vers Chicago le même jour.

Chapitre IX

Ils font mille cent quatre-vingt milles en dix-sept heures, avec une allure moyenne de soixante-dix milles à l'heure avec des pointes à cent-dix et toujours le même chauffeur : Dean. Ils ont un accrochage à Newton et, accusé de vol de voiture, le propriétaire de la voiture au téléphone dément. Sal voit son voyage inverse de 1947 défiler devant ses yeux. A la fin, pour payer l'essence, ils prennent deux sans-abris et arrivent enfin à Chicago.

Chapitre X

Ils garent la voiture et se délestent des deux adolescents et du sans-abri. Ils vont dans un bar manger et assiste à un concert de jazz. Entre deux groupes, Dean et Sal prennent la Cadillac et tentent de séduire des filles. À force de conduire et de faire n'importe quoi, la voiture était devenue une épave. Ils assistent à un concert de Georges Shearing improvisé. Le lendemain, il ramène la voiture au propriétaire, le gardien de la propriété ne reconnut pas le véhicule. Dean et Sal se précipitent pour retourner à Chicago pour ne pas avoir d'ennuis.

Chapitre XI

Ils prennent un bus, puis une famille accepte de les prendre dans leur voiture. La tante de Sal accepte de loger Dean quelques temps, puis, lors d'une soirée, Dean s'amourache d'Inez. Il divorce avec Camille par téléphone, celle-ci donne naissance au deuxième enfant légitime de Dean. Inez est tombée enceinte elle-aussi. Vu les circonstances, le projet d'aller en Italie est abandonné.

Quatrième partie

Chapitre I

Comme à chaque été, Sal est emporté par l'envie de voyager. Pour la première fois, il laisse Dean à New York. Il travaille dans un parking. Il envisage de déménager dans une ferme en Pennsylvanie avec Inez. Il doit payer chaque mois une pension à Camille. Inez et cette-dernière passent des heures au téléphone à parler de Dean. Ils se donnent rendez-vous pour le dimanche suivant chez la tante avant que Sal ne parte. C'est à cette occasion de Dean rembourse la tante de quinze dollars. Ils passent l'après-midi à jouer au Basket Ball avec des adolescents et se saluent une dernière fois. Ils seront voisins un jour, et auront beaucoup d'enfants.

Chapitre II

Sal prit le car pour Washington et fait une partie du reste du trajet avec Henry Glass qui vient de sortir de prison pour vol de voitures et pour avoir tenté d'égorger un ami qui venait d'insulter sa mère. Henry Glass a du mal à se contrôler. Il va chez son frère qui a un travail pour lui. À Denver,

Sal téléphone à Tim Gray qui le rejoint avec Stan Shephard. Tous deux reviennent de France et s'ennuient. Stan et Sal concluent d'aller ensemble au Mexique. Babe Rawlins aménagea un coin de chez lui pour Sal. Henry Glass disparait. Sal reçoit un coup de téléphone de Doll : Dean est en chemin avec une voiture à lui, et il veut le conduire lui-même au Mexique.

Chapitre III

Sal loge chez Babe avec Tom, qui est désespérément amoureux de Babe, mais que Babe ne veut pas comme amant. Elle est amoureuse de Tim Gray. Dean est arrivé, de même que Roy Johnson, Ed et Galatea. Ils passent la nuit tous ensemble : Dean fait son numéro, s'enivre au Windsor Hôtel, et devant un château. Le lendemain matin, Stan, Dean et Sal s'en vont. Le grand-père de Stan supplie son petit-fils se rester, mais Stan préfère partir. Il informe sa mère et tous partent au Mexique.

Chapitre IV

Le bras flottant au vent, Stan se fait piquer par un hanneton. Son bras enfle et Stan devient fiévreux. Pour le distraire, Dean décide qu'ils allaient tous les trois raconter leurs souvenirs dès qu'une ville en fait surgir. Au Nouveau Mexique, Stan est emmené à l'hôpital. Sal et Dean font le tour de la ville en voiture. À leur retour, Stan va mieux. Aussitôt, ils montent en voiture et passent la frontière. Ils se font arrêter de l'autre côté, les policiers fouillent la voiture et leurs conseillent de ne plus boire l'eau courante.

Chapitre V

Dean roule au ralenti, il regarde à droite et à gauche. Ils vont à la capitale. Des filles leur adressent la parole, c'est le paradis ! Ils se dirigent vers la ville industrielle de Monterrey. Quand Sal se met à conduire, des pensées apocalyptiques qui traversent son esprit : ce sont des pensées bibliques. Ils arrivent dans un village pour prendre de l'essence, Sal en profite pour demander ce qu'il avait promis à Dean, c'est-à-dire des filles. Le pompiste Viktor leur conseille d'attendre. Dean lui demande de la Marijuana, ce qu'il lui vend. Puis, tous ensemble, ils fument et délirent. Dean discute avec Victor sans comprendre l'espagnol. Puis, en fin d'après-midi, Victor les emmène dans un bordel où ils font la fête et couchent avec plusieurs prostituées. En début de soirée, ils vont au bain, puis laissent Victor derrière eux.

Chapitre VI

Dean fonce sur la route, il veut atteindre ses objectifs. La chaleur est insupportable et la sueur coule à flot. Ému par le paysage, Dean ralentit jusqu'à dix miles à l'heure. Ils rencontrent des petites filles à qui Dean offre une montre contre une pierre précieuse. Les insectes leur collent à la peau. La nuit, Sal décide de dormir sur le toit de la voiture pour absorber le peu de chaleur de la ferraille. Arrivés à Mexico, Sal s'évanouit, il a la dysenterie. Dans son délire, il entend Dean qui l'avertit de son départ : son divorce avec Camille vient de se concrétiser, il va donc retrouver Inez et sa fille à New York. Quand Sal se réveille, il se rend compte de la situation et pardonne à Dean de l'avoir laissé tomber.

Cinquième partie

Après être allé à New York pour être aux côtés d'Inez, Dean est reparti à San Francisco rejoindre Camille et ses deux filles. Sal a rencontré Laura avec qui il veut passer sa vie. Le couple a décidé d'aller habiter à San Francisco et Sal a demandé de l'aide à Dean. Celui-ci est arrivé avec cinq semaines et demie d'avance. Il ne sait plus parler, il n'y arrive plus. Il ne parvient pas à canaliser ses pensées et à s'en souvenir. Il est resté trois jours. À la fin du récit, Rémi emmène Sal à un concert, le séparant de Dean, alors qu'il veut rester avec lui. Sal pense encore à Dean.

LES RAISONS
DU SUCCÈS

A la publication de *Sur la route* aux États-Unis en 1957, la critique est mitigé.

Pour le *New York Times*, Gilbert Millstein écrit que « cette publication est un événement historique autant que peut l'être l'explosion d'un travail artistique authentique à n'importe quel moment de n'importe quelle époque au sein desquels l'attention est fragmentée et les sensibilités sont émoussées par les excès de la mode ».

Phoebe Lou Adams pour la revue *Atlantic Monthly* insiste sur son sentiment de déception : « Cela déçoit car le livre promet constamment de délivrer une révélation ou une conclusion sur la véritable importance de l'application en général, mais il ne peut le faire, de donner une conclusion, car Dean est plus convaincant en tant qu'excentrique que comme le représentant de n'importe partie de l'humanité. »

Avec le recul, les critiques ne peuvent que constater, en dépit de l'opinion personnelle, le succès et l'importance du phénomène culturel qui entoure le livre. Matt Theado en fait le constat : « Le roman le plus connu de Kerouac est apparu en même temps que beaucoup d'associations qui travaillent à détruire les préjugés du lecteur avant l'ouverture du livre. Ce livre est à la fois une histoire et un événement culturel. »

Sur la route est tiré à plusieurs millions d'exemplaires dès les premières années suivant sa sortie, et est aujourd'hui traduit dans trente deux langues. Après une demi-décennie, il se vend encore aujourd'hui cent milles exemplaires par an. En 2001, l'American Modern Library a classé *Sur la route* parmi les cents meilleurs romans du XXe siècle écrit en langue anglaise (bien que Jack Kerouac ait commencé à l'écrire en français.) Il était à la cinquante-cinquième position. Le manuscrit original a été vendu aux enchères cette même année à 2,2 millions de dollars.

Cette victoire de la contre-culture contre la culture a

engendré une vague planétaire qui a d'abord influencé la jeunesse américaine en répandant l'esprit des Beatnik, de la Beat Generation qui a apporté une recrudescence pour le spirituel bouddhique, puis en générant le phénomène mondial qu'est la vague hippie.

Jack Kerouac a été un appui certain dans la diffusion de la contre-culture sur le plan médiatique et de son acceptation. Il a permis notamment à des artistes comme Bob Dylan, Van Morrison, Jim Morrison, Hunter S. Thompson d'exister au devant de la lumière : « Il a changé ma vie, comme il a changé la vie de chacun d'entre nous », dira Bob Dylan à son sujet. Ray Manzarec, co-fondateur des Doors a affirmé que : « Je suppose que si Jack Kerouac n'avait pas écrit *Sur la route*, les Doors n'auraient jamais existé. »

Malgré l'influence positive que Jack Kerouac a eu sur l'art et les mentalités, ce succès marque pour lui le début de la fin. La richesse qu'il acquiert est en complète contradiction avec sa vie de vagabond. Cette richesse nouvelle aura pour conséquence de détruire la joie qu'avait Jack Kerouac de vivre sans souci matériel. En 1958, Jack Kerouac publie *Les Clochards célestes* qui relate son séjour dans les montagnes avec un ami. Ils vivaient nus, se lavaient avec l'eau de source et mangeaient ce que la nature leur procure. Il refuse ce que le succès lui assure et reviendra toujours à travers ses écrits à la jeunesse perdue qu'il aura vécue. La dépression le gagne et ne le lâchera jamais, jusqu'à sa mort. Il s'éloigne peu à peu de ses amis, leur reproche de trahir l'esprit de la Beat Generation en acceptation le matérialisme dû à leurs succès littéraire respectif. Il meurt seul avec sa femme et sa mère en Floride .

LES THÈMES PRINCIPAUX

L'histoire de *Sur la route* de Jack Kerouac est motivée par l'attirance de Sal Paradise pour l'Ouest américain. Déjà auréolée d'une mystification avec la conquête de l'Ouest (ou Far West) et la course à l'or après la conquête de ce continent par les européens, Jack Kerouac réanime ce mythe et lui offre une nouvelle dimension idéologique. Le voyageur n'est plus dans la quête de l'or ou du territoire, mais dans la quête de soi :

« On les vit veiller, on les entendit dormir, on pressentit leurs rêves, on était complètement imprégnés de l'étrange Mythe Mélancolique de l'Ouest et du sombre et surnaturel Mythe de l'Est quand le matin arriva, et jusqu'à ce moment toutes mes réactions avaient été dictées automatiquement à mon subconscient par l'expérience de cette horrible osmose. » (Troisième partie, chapitre 11).

L'emploi de la troisième personne du singulier n'est pas anodine, ce « on » indéterminé englobe aussi bien le groupe d'amis qui s'est cristallisé autour de Sal et de Dean pendant leurs virées, mais aussi tous les clochards, les vagabonds, les Beats qui voyagent de wagon en wagon sur tout le territoire états-unien et la jeunesse américaine attirée par la contre-culture. Cette contre-culture est incarnée par les deux pôles géographiques des États-Unis : l'Ouest hollywoodien (Los Angeles, San Francisco, Hollywood, Denver) et l'Est underground, berceau du jazz (New-York, Chicago, Washington). Le voyageur étant attiré par l'inconnu, il est évident que Sal s'oriente d'abord vers l'Ouest, puis, lorsque l'Ouest lui est familier, vers le Mexique.

Lorsque Sal prend la décision de voyager vers l'ouest, c'est toute son existence qu'il remet en question et qu'il réoriente :

« Un gars de l'Ouest, de la race solaire, tel était Dean. Ma tante avait beau me mettre en garde avec les histoires que j'aurais avec lui, j'allais entendre l'appel d'une vie neuve, voir un horizon neuf, me fier à tout ça en pleine jeunesse ; […] j'étais un jeune écrivain et je me sentais des ailes. » (Partie 1, chapitre 1)

La métaphore de la « race solaire » fait de Dean l'héritier d'Icare qui s'est brûlé les ailes en s'approchant trop près du soleil pour échapper au labyrinthe, une métaphore de l'existence, et de Pandore qui, en ouvrant la boîte de Zeus déversa sur le terre tous les maux. Sal désire lui aussi s'approcher du soleil, de la connaissance pour donner un sens à son existence. Il veut devenir un autre :

« Je m'imaginai dans un bar de Denver, le soir même, avec toute la bande qui me trouverait quelque chose d'étranger et de loqueteux quelque chose du Prophète qui a traversé le pays à pied pour porter l'obscure Parole ; et la seule parole que j'apportais, c'était : « Miaou ! ». (Partie I, chapitre 5)

Le mythe sur le plan de l'imagination rend possible tout ce qui est désiré. Le mythe est un facteur de rêve, de fantasme ; il octroie à l'homme des pouvoirs, un sentiment de toute puissance. Sal sait que son voyage l'a métamorphosé et lui apprit sur la vie. L'initiation est un vecteur de savoir. Les épreuves encourues pendant le voyage ont suscité chez Sal des capacités insoupçonnées car jusqu'alors demeurées en veille par des situations n'activant pas ses instincts de survie. Sal rejoint le schéma traditionnel du voyage initiatique à l'image du conte du Graal (*Perceval ou Le conte du Graal*, Chrétien de Troie) ou, plus récemment, de *L'Île au trésor* de Robert Louis Stevenson.

Plusieurs thèmes fondamentaux orientent le voyage initiatique. Ils apparaissent tantôt comme des épreuves, tantôt comme des objectifs à atteindre, ou comme le moyen d'atteindre ces objectifs.

Contrairement aux idées reçues, la route, objet éponyme de l'œuvre, n'est pas un lieu de passage, malgré sa nature à accueillir le mouvement, la circulation. Le syntagme « la route » par ailleurs désigne le concept de la route et non pas le bitume. Le route est le symbole d'un mode de vie, non pas une étape entre deux points géographiques, mais un objectif. La volonté de Sal est de faire de la route pour faire de la route :

« Autrefois j'avais connu sur une plage un grand type décharné de la Louisiane, appelé Big Slim Hazard, William Holmes Hazard, qui était clochard par vocation. » (Partie I, chapitre 4) ; « Je [Gene] repars toujours pour aller ici ou là. » (Même chapitre); « Nos [à Dean et à Sal] bagages cabossés étaient de nouveau empilés sur le trottoir ; nous avions encore bien du chemin à faire. Mais qu'importait, la route, c'est la vie. » (Partie III, chapitre 5) ; « Quelle est ta route, mon pote ? C'est la route du saint, la route du fou, la route d'arc-en-ciel, la route idiote, n'importe quelle route. C'est la route de n'importe où pour n'importe qui n'importe comment. Où qui comment ? » (Partie IV, chapitre 1).

Chaque personne possède sa propre route et la modélise comme il le souhaite, comme chaque individu façonne sa propre vie. Prendre la route, c'est choisir une vie vagabonde, en mouvement, minimaliste sur le plan matériel.

La sexualité ou la satisfaction sexuelle font partie de ce mode de vie. La relation avec la femme est complexe, car les femmes, que ce soient Marylou, Camille ou Inez ne choisissent pas ce mode de vie. Marylou fait partie des leurs, elle y participe : elle prend la route pour être avec Dean, mais elle ne prend pas la route pour faire de la route. Elle est une accompagnatrice qui se laisse emporter par Dean.

« Ainsi, dans mon élan, je passais près des jolies sans m'arrêter, et pourtant c'est à Des Moines que l'on voit les plus chouettes filles du monde. » (Parte I, chapitre 3) ; Dean à Camille : «Sal est ici, c'est un vieux pote de New Yor-r-k, c'est sa première nuit à Denver et je dois absolument sortir avec lui et le caser avec une môme. » (Partie I, chapitre 7) ; « Auparavant, quand on était à San Antonio, j'avais promis à Dean, en guise de plaisanterie, de lui trouver une fille. C'était un pari et un défi. » (Partie IV, chapitre 5)

La femme possède un rôle secondaire, elle est interchangeable, surtout pour Dean, moins pour Sal qui est plus idéaliste et qui attend plus d'une femme qu'une simple pratique sexuelle. Cependant, elle est omniprésente et est un moyen d'atteindre un des objectifs qui est le plaisir charnel et physique lié à la débauche.

La drogue et l'alcool sont deux éléments qui se valent et qui ont tout deux le rôle de conduire à la connaissance. La drogue, premièrement, est utilisé quotidiennement par les protagonistes, Sal l'utilisant plus particulièrement lors de ses excursions. Dean et Carlo Marx détournent la première fonction de la drogue et de l'alcool qui est de désinhibé et de délirer afin d'accéder à la connaissance à travers une recherche intellectuelle lors de discussion nocturne. Ces discussions qui semblent absurdes pour le lecteur ont un autre sens pour Dean et Carlo :

« Ils s'assirent en tailleur sur le lit et se fixèrent droit dans les yeux. J'allai me vautrer près d'eux sur une chaise et assistai à toute la scène. Ils préludèrent sur une pensée abstraite qu'ils mirent en question ; ils se remirent l'un l'autre en mémoire tel autre détail abstrait emporté par le flot des événements » (Partie I, chapitre 8).

Leur discussion s'apparente à un mélange entre une inspiration philosophique et une forme de folie. La drogue et l'alcool facilitent le mouvement de la pensée et donnent un autre tournant à cette culture dont le groupe s'approvisionne à travers la lecture de livres (ils font notamment référence à Goethe) ou à travers leur culture musicale, majoritairement autour du bip bop et du jazz, mais qui s'étend également à l'opéra.

ÉTUDE DU MOUVEMENT LITTÉRAIRE

Au sortir de la Seconde Guerre mondiale, les États-Unis voient apparaître au sein de sa société conventionnelle et traditionaliste, un mouvement esthétique, culturel et littéraire, comptant peu de membres, mais qui aura une influence importante sur les consciences américaines. La société de consommation grandissante, le matérialisme et le capitalisme sont les premières cibles de cette philosophie. C'est une lutte qui se crée entre la Beat Generation et la génération précédente dont elle est issue. Aux conventions, la Beat Generation répond par la transgression et, notamment, à travers la prise de drogue, décrite dans les œuvres et encensée, et la pornographie. La provocation délibérée dans ces œuvres ont conduit la critique à considérer ce mouvement comme futile et dérisoire. La Beat Generation est dénigrée et est exclue de l'art par les critiques. Cependant, l'accueil austère fait à la Beat Generation est aussi l'élément qui la nourrit. La non-renaissance suscite la volonté d'être reconnu.

Beat en anglais signifie le rythme, le fait de taper plusieurs fois en un même point sur une surface, comme le battement de la baguette sur une batterie ou le battement d'ailes. Cela signifie également garder le contrôle quand vous êtes écartelé par plusieurs problèmes. L'expression « *beat the system* » signifie casser ou violer les règles qui composent une organisation ou un système. Finalement *Beat* comme adjectif désigne les personnes fatiguées, lasses. Ce même terme *Beat* sera repris pour désigner une technique instrumentale vocale qui est le *Beat box* et un groupe communautaire : les *Beatnik*.

« Et j'attends que quelqu'un
découvre vraiment l'Amérique
et pleure…
et j'attends
que l'Aigle américain
déploie vraiment ses ailes
et se dresse et s'envole… »

(Ferlinghetti, poète américain et éditeur de la Beat generation)

William Burroughs, Allen Ginsberg et Jack Kerouac sont les chefs de file de la Beat Generation. D'abord amis, grands amateurs de libertés à travers leur expression dans le voyage, le vagabondage et une culture commune à la fois philosophique et musicale, ils aspirent dès leur entrée dans l'âge adulte à exprimer leur idéologie à travers l'art et, plus particulièrement, la littérature. La première œuvre remarquables est *Avant la route* de Jack Kerouac, livre qu'il débuta avant l'épopée de sa vie et qu'il adapte à son nouveau mode de vie et à ses découvres culturelles. Trois autres grandes œuvres suivront et seront les trois chefs d'œuvre de ce mouvement : le roman autobiographique *Sur la route* de Jack Kerouac, le poème *Howl* d'Allen Ginsberg et le roman pornographique et pédéraste *Le Festin nu* de William Burroughs.

Le poème *Howl* d'Allen Ginsberg marque un tournant dans l'Histoire de la Beat Generation. Ce long poème a été écrit pour être lu à voix haute, voire chanté avec cette volonté de retourner à une tradition orale qui est celle du troubadour et du trouvère. Le sujet de ce poème se trouve dans la pornographie et l'obscénité, il lutte contre la censure moraliste et puritaine de l'Amérique d'après guerre. Allen Ginsberg exprime sa colère contre le système en place. Aussi son langage est vernaculaire, vulgaire et violent. Allan Ginsberg aimait à être un mentor pour les autres. Après avoir abandonné les expériences de cocaïnomane, il s'attache à étudier les autres pour son propre enseignement.

William Burroughs est surtout connu pour *Le Festin nu*. Il incarne l'esprit d'abandon pour lequel Beat Generation est connu. Il invente la technique du « cut up », qui consiste à découper un texte en plusieurs sections, à le moduler comme un puzzle pour lui donner un autre sens, à ajouter des extraits ou à supprimer des passages pour lui donner une autre valeur. William Burroughs s'éloigne la trame traditionnelle du roman, particulièrement linéaire, suivant un schéma simple, pour une écriture du collage, proche du cubisme. Cette technique agit comme un miroir face à l'esprit de William Burroughs attaqué par l'alcool et la drogue. *Le Festin nu*, bien qu'innovant dans le style, terrifie. Le lecteur assiste à une orgie perverse et décadente.

Les précurseurs de la Beat Generation se sont inspirés d'une multitude de personnalités littéraires, philosophiques et artistiques. Parmi eux : Henry Thoreau (1817-1862), écrivain américain qui écrit en prose sous la forme d'une langue populaire (*Walden ou la vie dans les bois*, 1854) ; William Blake (1757-1827), poète et peintre britannique appartenant au romantisme (*Chants d'innocence*, 1789) ; Antonin Artaud (1896-1984) écrivain, poète et comédien français marqué par la folie qui influença la littérature moderne par son « Théâtre de la cruauté », et Aldous Huxley (1894-1963), écrivain satirique du monde moderne, adepte de la science fiction (*Le Meilleur des mondes*, 1932).

Le bouddhisme aura également une influence sur le mode de vie de la Beat Generation, ce qui se ressent à travers le vagabondage, les déplacements à travers le pays, vivre avec ce qui est disponible autour de soi de manière minimaliste et déconnecté du matérialisme ambiant : tous ces choix de vies sont spirituels. Jack Kerouac est un « Clochard céleste » et la toxicomanie répandue et partagée par les différents membres du groupe est empreinte de mysticisme.

La Beat Generation disparaît après une dizaine d'année pour laisser la place aux Beatniks. Elle a donné naissance à de nouveaux écrivains ou artistes tels qu'Ed Sanders, Stanley Donen. La série *Dobie Gillis* relate les aventures amoureuses de Dobie Gillis, et de son ami beatnik, Maynard G. Krebs.
 Les Beatniks sont considérés comme les précurseurs des hippies, autre contre-culture qui évolue en prônant la liberté et l'ostentation sexuelle.

La Beat Generation est considérée comme un nouveau mythe, comme en témoigne Thierry Bayle pour le Magazine littéraire n°365 :

« Burroughs, Ginsberg, Kerouac, Bukowski... la Beat Generation apparaît comme une constellation de la révolte. Hantés par la route et le souci de prendre le large, les Beats expérimentent des formes variées de rébellion, qu'elle soit syntaxique, morale, mystique ou sexuelle. »
« On pourrait définir la Beat Generation comme une constellation de la révolte. Son éternelle jeunesse fascine à la façon d'un James Dean. Ce qu'un Jack Kerouac préconise pour la prose moderne dans *Vraie blonde* dépasse le seul registre littéraire. Sa recherche frénétique de la Grande Loi du Tempo, en accord avec les lois de l'orgasme, correspond à une soif inextinguible de romanesque existentiel. Son quatrième principe, "Sois amoureux de ta vie", appelle à la liberté et à la

révolte, à la transgression des règles, des conventions. »

DANS LA MÊME COLLECTION
(par ordre alphabétique)

- **Anonyme**, *La Farce de Maître Pathelin*
- **Anouilh**, *Antigone*
- **Aragon**, *Aurélien*
- **Aragon**, *Le Paysan de Paris*
- **Austen**, *Raison et Sentiments*
- **Balzac**, *Illusions perdues*
- **Balzac**, *La Femme de trente ans*
- **Balzac**, *Le Colonel Chabert*
- **Balzac**, *Le Lys dans la vallée*
- **Balzac**, *Le Père Goriot*
- **Barbey d'Aurevilly**, *L'Ensorcelée*
- **Barbey d'Aurevilly**, *Les Diaboliques*
- **Bataille**, *Ma mère*
- **Baudelaire**, *Les Fleurs du Mal*
- **Baudelaire**, *Petits poèmes en prose*
- **Beaumarchais**, *Le Barbier de Séville*
- **Beaumarchais**, *Le Mariage de Figaro*
- **Beauvoir**, *Mémoires d'une jeune fille rangée*
- **Beckett**, *Fin de partie*
- **Brecht**, *La Noce*
- **Brecht**, *La Résistible ascension d'Arturo Ui*
- **Brecht**, *Mère Courage et ses enfants*
- **Breton**, *Nadja*
- **Brontë**, *Jane Eyre*
- **Camus**, *L'Étranger*
- **Carroll**, *Alice au pays des merveilles*
- **Céline**, *Mort à crédit*
- **Céline**, *Voyage au bout de la nuit*

- **Chateaubriand**, *Atala*
- **Chateaubriand**, *René*
- **Chrétien de Troyes**, *Perceval*
- **Cocteau**, *Les Enfants terribles*
- **Colette**, *Le Blé en herbe*
- **Corneille**, *Le Cid*
- **Crébillon fils**, *Les Égarements du cœur et de l'esprit*
- **Defoe**, *Robinson Crusoé*
- **Dickens**, *Oliver Twist*
- **Du Bellay**, *Les Regrets*
- **Dumas**, *Henri III et sa cour*
- **Duras**, *L'Amant*
- **Duras**, *La Pluie d'été*
- **Duras**, *Un barrage contre le Pacifique*
- **Flaubert**, *Bouvard et Pécuchet*
- **Flaubert**, *L'Éducation sentimentale*
- **Flaubert**, *Madame Bovary*
- **Flaubert**, *Salammbô*
- **Gary**, *La Vie devant soi*
- **Giraudoux**, *Électre*
- **Giraudoux**, *La Guerre de Troie n'aura pas lieu*
- **Gogol**, *Le Mariage*
- **Homère**, *L'Odyssée*
- **Hugo**, *Hernani*
- **Hugo**, *Les Misérables*
- **Hugo**, *Notre-Dame de Paris*
- **Huxley**, *Le Meilleur des mondes*
- **Jaccottet**, *À la lumière d'hiver*
- **James**, *Une vie à Londres*
- **Jarry**, *Ubu roi*
- **Kafka**, *La Métamorphose*
- **Kerouac**, *Sur la route*
- **Kessel**, *Le Lion*

- **La Fayette**, *La Princesse de Clèves*
- **Le Clézio**, *Mondo et autres histoires*
- **Levi**, *Si c'est un homme*
- **London**, *Croc-Blanc*
- **London**, *L'Appel de la forêt*
- **Maupassant**, *Boule de suif*
- **Maupassant**, *Le Horla*
- **Maupassant**, *Une vie*
- **Molière**, *Amphitryon*
- **Molière**, *Dom Juan*
- **Molière**, *L'Avare*
- **Molière**, *Le Malade imaginaire*
- **Molière**, *Le Tartuffe*
- **Molière**, *Les Fourberies de Scapin*
- **Musset**, *Les Caprices de Marianne*
- **Musset**, *Lorenzaccio*
- **Musset**, *On ne badine pas avec l'amour*
- **Perec**, *La Disparition*
- **Perec**, *Les Choses*
- **Perrault**, *Contes*
- **Prévert**, *Paroles*
- **Prévost**, *Manon Lescaut*
- **Proust**, *À l'ombre des jeunes filles en fleurs*
- **Proust**, *Albertine disparue*
- **Proust**, *Du côté de chez Swann*
- **Proust**, *Le Côté de Guermantes*
- **Proust**, *Le Temps retrouvé*
- **Proust**, *Sodome et Gomorrhe*
- **Proust**, *Un amour de Swann*
- **Queneau**, *Exercices de style*
- **Quignard**, *Tous les matins du monde*
- **Rabelais**, *Gargantua*
- **Rabelais**, *Pantagruel*

- **Racine**, *Andromaque*
- **Racine**, *Bérénice*
- **Racine**, *Britannicus*
- **Racine**, *Phèdre*
- **Renard**, *Poil de carotte*
- **Rimbaud**, *Une saison en enfer*
- **Sagan**, *Bonjour tristesse*
- **Saint-Exupéry**, *Le Petit Prince*
- **Sarraute**, *Enfance*
- **Sarraute**, *Tropismes*
- **Sartre**, *Huis clos*
- **Sartre**, *La Nausée*
- **Senghor**, *La Belle histoire de Leuk-le-lièvre*
- **Shakespeare**, *Roméo et Juliette*
- **Steinbeck**, *Les Raisins de la colère*
- **Stendhal**, *La Chartreuse de Parme*
- **Stendhal**, *Le Rouge et le Noir*
- **Verlaine**, *Romances sans paroles*
- **Verne**, *Une ville flottante*
- **Verne**, *Voyage au centre de la Terre*
- **Vian**, *L'Arrache-cœur*
- **Vian**, *L'Écume des jours*
- **Voltaire**, *Candide*
- **Voltaire**, *Micromégas*
- **Zola**, *Au Bonheur des Dames*
- **Zola**, *Germinal*
- **Zola**, *L'Argent*
- **Zola**, *L'Assommoir*
- **Zola**, *La Bête humaine*
- **Zola**, *Nana*
- **Zola**, *Pot-Bouille*